J'ADORE ALLER À LA CRÈCHE
I LOVE TO GO TO DAYCARE

Shelley Admont
Illustré par Sonal Goyal et Sumit Sakhuja

www.sachildrensbooks.com
Copyright©2014 by Inna Nusinsky Shmuilov
innans@gmail.com

All rights reserved. No part of this book may be reproduced in any form or by any electronic or mechanical means, including information storage and retrieval systems, without written permission from the publisher or author, except in the case of a reviewer, who may quote brief passages embodied in critical articles or in a review.
Tous droits réservés. Aucune reproduction de cet ouvrage, même partielle, quelque soit le procédé, impression, photocopie, microfilm ou autre, n'est autorisée sans la permission écrite de l'éditeur.

First edition, 2016
Traduit de l'Anglais par Sarah Dugloud

I Love to Go to Daycare (French English Bilingual Edition)/ Shelley Admont
ISBN:978-1-926432-96-0 paperback
ISBN:978-1-77268-633-3 hardcover
ISBN: 978-1-77268-211-3 eBook

Please note that the French and English versions of the story have been written to be as close as possible. However, in some cases they differ in order to accommodate nuances and fluidity of each language.
Although the author and the publisher have made every effort to ensure the accuracy and completeness of information contained in this book, we assume no responsibility for errors , inaccuracies, omission or any inconsistency herein.

À ceux que j'aime le plus-S.A.
For those I love the most-S.A.

Jimmy était allongé sur son lit, serrant dans ses bras son ours en peluche favori. Il essayait de dormir, mais quelque chose le préoccupait et le gardait éveillé.

Jimmy was lying in his bed hugging his favorite teddy bear. He was really trying to sleep, but something bothered him and kept him wide awake.

Il sortit du lit et alla voir ses parents.

He rolled out of bed and went to look for his parents.

En bas dans le salon, sa maman et son papa regardaient la télévision. Avec son ours toujours à ses côtés, Jimmy s'assit sur les genoux de Maman.
— Maman, je n'arrive pas dormir, dit-il.

Down in the living room, his mom and dad were watching TV. Holding his teddy, Jimmy sat on Mom's lap. "Mommy, I can't sleep," he said.

*Maman ébouriffa ses cheveux et lui fit un bisou.
—À quoi penses-tu ?*

Mom ruffled his hair and gave him a kiss. "What are you thinking about?"

—Je pense à la crèche, murmura-t-il en serrant très fort sa Maman.

"I'm thinking about daycare," he whispered and hugged Mom tightly.

— Oh, chéri, la crèche est si amusante ! dit Maman.

"Oh, sweetie, daycare is so fun!" said Mom.

— Tu vas rencontrer de nouveaux amis là-bas, ajouta Papa. En fait, c'est tellement amusant que j'aimerais bien pouvoir y aller aussi !

"You'll meet new friends there," added Dad. "In fact, it's so much fun that I wish I could go, too!"

— Je peux rester à la maison avec toi ? demanda Jimmy. Sa tête tomba sur l'épaule de Maman.

"Can I stay at home with you?" asked Jimmy. His head fell on Mom's shoulder.

Maman caressa sa tête, en le regardant droit dans les yeux.

Mom stroked his head, looking deeply into his eyes.

— Que penses-tu de ça, dit-elle. Puisque c'est ton premier jour à la crèche, tu y resteras seulement pour deux heures. Après, je viendrai te chercher pour te ramener à la maison. Mais je suis sûre que tu t'amuseras tellement que tu ne voudras même plus partir.

"How about this," she said. "Since it's your first day in daycare, you'll only stay there for two hours. After that, I'll come back to take you home. But I'm sure that you'll have so much fun that you won't even want to leave."

— *Tu sais quoi ? dit Papa. Tu peux même emporter ton ours en peluche avec toi. Ça te convient, champion ? Jimmy hocha de la tête.*

"You know what?" said Dad. "You can even take your teddy bear with you. Does that sound good, champ?" Jimmy nodded.

— *Oh, tu es un garçon si grand et intelligent, roucoula Maman, en l'embrassant sur le front. Je suis sûre que tu es fatigué. Allons au lit.*

"Oh, you're such a big and smart boy," said Mom, kissing his forehead. "I'm sure you're tired. Let's go to bed."

Elle guida Jimmy à sa chambre et le borda. Puis, elle lui fit un bisou et murmura à son oreille: « Je t'aime, chéri. »

She led Jimmy to his room and tucked him in. Then, she gave him a goodnight kiss and whispered in his ear, "I love you, sweetie."

— Je t'aime aussi, Maman, dit Jimmy. Avec un gros bâillement, il étreignit son ours en peluche et ferma ses yeux.

"I love you too, Mom," said Jimmy. With a big yawn, he hugged his teddy bear and closed his eyes.

Jimmy était presque endormi quand il entendit une étrange voix: « Salut, Jimmy ! »

Jimmy was almost asleep when he heard a strange voice. "Hey, Jimmy!"

Il ouvrit ses yeux, regardant autour de lui.
— Qui me parle ? murmura Jimmy.

He opened his eyes, looking around. "Who's talking?" murmured Jimmy.

— C'est moi, ton ours en peluche !

"It's me, your teddy bear!"

Étonné, Jimmy regarda plus bas. L'ours en peluche fit signe de la main et sourit.
— J'ai vu que tu étais préoccupé, dit l'ours en peluche.

Astonished, Jimmy looked down. The teddy bear waved his hand and smiled. "I saw you were upset," said the teddy bear.

Jimmy poussa un profond soupir.
— Oui, je vais à la crèche demain, marmonna-t-il.

Jimmy sighed deeply. "Yes, I'm going to daycare tomorrow," he mumbled.

— Jimmy, mon ami, mais je viens avec toi ! L'ours en peluche lui fit un clin d'œil et son plus grand sourire d'ours en peluche.

"Jimmy, my friend, but I'm going with you!" The teddy bear winked at Jimmy and gave him his big teddy-bear smile.

Jimmy le regarda sauter, applaudir et bondir en riant.

Jimmy looked at him jumping and clapping and burst out laughing.

— Chuuuut, murmura l'ours en peluche. Il montra du doigt les deux grands frères de Jimmy, qui dormaient dans leurs lits.

"Shhhh," whispered the teddy bear. He pointed to Jimmy's two older brothers, who were sleeping in their beds.

Le lendemain matin, ses deux grands frères sautèrent du lit et allèrent près de Jimmy.

The next morning his two older brothers jumped out of bed and walked over to Jimmy.

— Aujourd'hui est ton premier jour de crèche. Tu as trop de chance ! dit son frère aîné.

"Today is your first day in daycare. You are so lucky," said his oldest brother.

Jimmy était excité mais un petit peu inquiet.
— J'y vais seulement pour deux heures aujourd'hui, murmura-t-il. Ça fait beaucoup ?

Jimmy was excited but a little bit worried. "I'm only going for two hours today," he murmured. "Is it a long time?"

— Pas vraiment, dit l'ainé.
— Tu ne resteras même pas pour la sieste, ajouta le cadet.

"Not really," said the oldest brother.
"You won't even stay for a nap," added the middle brother.

Durant le petit déjeuner Jimmy fut très silencieux.
— Tu es prêt à y aller, Jimmy ? demanda Maman, après qu'il eût fini son assiette.

During breakfast Jimmy was very quiet. "Are you ready to go, Jimmy?" Mom asked, after he cleared his plate.

— Je crois, répondit-il en regardant son ours en peluche.

"I guess," he answered looking down at his teddy bear.

Ce dernier lui fit un grand sourire et Jimmy se sentit beaucoup mieux.

The teddy bear gave him a big smile and Jimmy felt much better.

Il prit son ours en peluche dans une main et celle de Maman dans l'autre et ils partirent.

He took his teddy bear in one hand and Mommy's hand in the other and they set out.

— Tu vas aimer ça, mon cœur, dit Maman pendant qu'ils marchaient. Et je serai de retour dans deux heures, juste après le goûter.

"You'll like it, honey," said Mom while they were walking. "And I'll be back in two hours, right after snack time."

— Je sais, Maman. Je vais bien. J'ai mon ours en peluche avec moi. Jimmy fit un clin d'œil à son ours.

"I know, Mommy. I'm fine. I have my teddy bear with me." Jimmy winked at his bear.

— Je suis si fière de toi, mon grand garçon, dit Maman pendant que les deux se dirigeaient vers la porte de la crèche.

"I'm so proud of you, my big boy," said Mom as the pair walked up to the daycare's door.

Maman tapa deux fois, et une femme apparut à la porte.
Mom knocked twice, and a lady appeared at the door.

— Bonjour, Jimmy, dit la dame. Vas-y entre !
"Hello, Jimmy," the lady said. "Come on in!"

— Comment me connaît-elle ? murmura Jimmy à sa maman.
"How does she know me?" Jimmy whispered to his mom.

Maman sourit.
— Je l'ai appelé avant pour lui dire que nous venions.
Mom smiled. "I called her before and told her we were coming."

Il y avait beaucoup d'autres enfants ici. Certains jouaient avec des voitures, et d'autres avec des poupées.
There were a lot of other kids there. Some of them were playing with cars, and others were playing with dolls.

— Allons nous amuser. Viens, Jimmy ! dit l'ours en peluche. Souriant, Jimmy se tourna vers Maman.

"Let's go have some fun. Come on, Jimmy!" the teddy bear said. Smiling, Jimmy turned to Mom.

— Va t'amuser, chéri, dit-elle. Je viendrai te chercher juste après le goûter.

"Go have fun, sweetie," she said. "I'll pick you up right after snack time."

— Je m'en souviens. Au revoir, Maman ! cria Jimmy en courant pour aller jouer avec un gros camion.

"I remember. Bye, Mom!" Jimmy yelled as he ran to play with a large truck.

Après deux heures, Maman revint à la crèche pour récupérer Jimmy. Il courut vers elle et lui fit un très gros câlin.

After two hours, Mom came back to the daycare to pick up Jimmy. He ran to meet her and gave her a huge hug.

— Maman, c'était super amusant ! cria-t-il. J'ai joué avec un gros camion, et ensuite j'ai peint tout seul une fleur pour toi !

"Mom, it was so much fun!" he shouted. "I played with a large truck, and then I painted a flower for you all by myself!"

*Maman sourit gentiment.
— Elle est très jolie. Qu'as-tu fait d'autre aujourd'hui ?*

Mom smiled happily. "It's so beautiful. What else did you do today?"

— *La maîtresse nous a lu un livre, et après nous avons goûté. C'était délicieux, dit Jimmy d'une seule traite, bondissant à coté de Maman.*
"The teacher read us a book, and after that we ate a snack," Jimmy said in one breath, bouncing near Mom.

Je peux rester plus longtemps demain? S'il te plaît, Maman !
"Can I stay for longer tomorrow? Please, Mom!"

Le jour suivant, il resta plus longtemps. Et le jour d'après il resta encore plus longtemps.

The next day, he stayed longer. The day after that he stayed even longer.

Maintenant, Jimmy passe toute la journée à la crèche et s'y amuse beaucoup ! Il adore jouer et peindre, écouter des histoires et manger.

Now, Jimmy spends the whole day in daycare having lots of fun! He loves to play games and paint, to hear stories and eat.

Il est aussi content quand c'est l'heure de la sieste, comme ça il peut rester un peu plus.

He is also happy when naptime comes, so he can rest a little bit.

Parfois Jimmy n'emmène pas son ours en peluche avec lui.

Sometimes Jimmy doesn't bring teddy bear with him.

Mais lorsqu'il revient de la crèche, Jimmy lui raconte tout sur sa journée.

But when he comes back home from daycare, Jimmy tells him all about his day.

www.ingramcontent.com/pod-product-compliance
Lightning Source LLC
Chambersburg PA
CBHW042032100526
44587CB00029B/4396